RÉFLEXIONS

SUR

LE BOYCOTTAGE

EN DROIT INTERNATIONAL

PAR

St. P. SÉFÉRIADÈS

DOCTEUR EN DROIT

LAURÉAT DES UNIVERSITÉS D'AIX ET DE PARIS

PARIS

LIBRAIRIE NOUVELLE DE DROIT ET DE JURISPRUDENCE

ARTHUR ROUSSEAU, ÉDITEUR

14, RUE SOUFFLOT ET RUE TOULLIER, 13

—

1912

PRIX : **1** fr. **50**

RÉFLEXIONS

SUR

LE BOYCOTTAGE

EN DROIT INTERNATIONAL

PAR

St. P. SÉFÉRIADÈS

DOCTEUR EN DROIT

LAURÉAT DES UNIVERSITÉS D'AIX ET DE PARIS

PARIS

LIBRAIRIE NOUVELLE DE DROIT ET DE JURISPRUDENCE

ARTHUR ROUSSEAU, ÉDITEUR

14, RUE SOUFFLOT ET RUE TOULLIER, 13

1912

Réflexions sur le boycottage
en droit international

I

Depuis quelque cinq ou six ans que le boycottage — à la fois le mot et la chose, — a voulu se frayer un accès dans la science du droit international, sous les apparences d'une mesure violente, mais d'un genre spécial, propre à régler les conflits internationaux, des publicistes et des jurisconsultes distingués se sont efforcés de lui trouver des origines.

Le blocus en général, et plus spécialement le blocus continental du dernier siècle, fut surtout considéré comme un glorieux précédent historique des faits actuels, malgré les différences essentielles qui le séparent du boycottage, différences facilement compréhensibles du reste, et dont la plus importante est que celui-ci n'apparaît que comme une mesure décrétée par les nationaux d'un Etat qui lui même semble la désapprouver.

Pourtant des faits, sinon complètement identiques, du moins analogues à ceux qui vont faire l'objet de la présente étude, se présentèrent déjà à l'histoire diplomatique des siècles écoulés, justifiant une fois de plus, la réflexion maintes et maintes fois faite, que l'histoire n'est qu'un perpétuel recommencement.

Un cas surtout me paraît avoir un intérêt tel, qu'il m'est impossible de ne pas le rappeler au souvenir de mes lecteurs, malgré mon désir d'arriver au vif des questions internationales que le boycottage, tel qu'on le comprend et surtout tel qu'on l'applique aujourd'hui, peut soulever.

En 445 avant notre ère, lorsque Périclès conclut avec les Lacédémoniens la paix de trente ans, une clause spéciale du traité, stipula que les Athéniens devaient renoncer à leur coutume de contraindre à l'alliance avec eux, toute ville attachée au Péloponèse par des liens d'une commune origine. Or Mégara, ville d'origine dorienne, située à quelques kilomètres d'Athènes, dès la conclusion du traité, crut devoir profiter de cette clause et se détacher de l'alliance athénienne, alliance qui jusqu'à cette époque lui avait été imposée. Elle espérait ainsi qu'elle n'avait qu'à gagner en cessant le paiement de différents impôts que les alliés versaient à la cité.

Malheureusement il n'en fut pas ainsi; les Athéniens choqués par une telle conduite, firent voter par l'assemblée du peuple un décret, connu sous le nom de décret Mégaréen, d'après lequel non seulement les produits de Mégara ne pourraient plus circuler sur le marché athénien, mais qui, en plus, ordonnait la fermeture des ports de l'Attique au commerce maritime de l'ancienne alliée.

Les effets du boycottage en question ne furent pas médiocres.

Les Mégaréens ne pouvant vendre leurs produits, raillés par les auteurs comiques de l'époque, se plaignirent à l'assemblée plénière qui se réunit à Sparte la veille de la guerre du Peloponèse, et lorsque une ambassade lacédémonienne fut envoyée à Athènes, parmi les autres prétentions formulées par elle de l'admission desquelles Sparte faisait dépendre la déclaration de la guerre, — décidée déjà —, fut surtout celle de la révocation du décret Mégaréen (1).

(1) Thucidide. Lib. I, Cap. 139. — Λαχεδαιμόνιοι δὲ ...μάλιστα γε πάντων καὶ ἐνδηλότατα προΰλεγον τὸ περὶ Μεγαρέων ψήφισμα καθελοῦσι μὴ ἄν γενέσθαι πόλε-

Mais même en dehors du boycottage dont il vient d'être question, on pourrait prétendre non sans raison que les mœurs de l'antiquité et plus spécialement la législation athénienne, admirent le boycottage à titre privé, il est vrai. Peut-être aussi faut-il voir dans les faits et les lois en question, les prémices de l'organisation de cette mesure contre les habitants et les produits d'un peuple entier. Je veux parler en particulier de la peine d'atimie totale qui privait le condamné de l'accès de l'agora, et le rendait incapable de rien acquérir (1).

En un mot, en étudiant l'histoire des cités antiques, nous trouvons un cas de boycottage ayant eu des conséquences internationales, si je puis ainsi parler, cas qui, indépendamment de l'étiquette actuelle, et malgré certaines différences aurait pu être considéré comme classique (2).

II

Quant à l'apparition du boycottage moderne, qui reçut son nom de l'anglais James Boycott, contre lequel cette mesure a été appliquée d'une façon aussi rigoureuse qu'éclatante, je crois complètement inutile de la

μον, ἐν ᾧ εἴρητο αὐτοὺς μὴ χρῆσθαι τοῖς λιμέσι τοῖς ἐν τῇ Ἀθηναίων ἀρχῇ μηδὲ τῇ Ἀττικῇ ἀγορᾷ.

(1) Lysias. c. Andoc. § 24. — Αὐτὸν εἴργεσθαι τῆς ἀγορᾶς καὶ τῶν ἱερῶν, ὥστε μηδ' ἀδικούμενον ὑπὸ τῶν ἐχθρῶν δύνασθαι δίκην λαβεῖν.

(2) Je suis d'avis qu'en dehors des cas cités dans notre texte l'histoire du protectionnisme outré pourrait fournir plus d'un exemple se rapprochant du boycottage, quoiqu'en somme ces deux mesures doivent théoriquement différer sur tous les points. Ainsi sans oublier le boycottage colossal et monstrueux, mais bien moins illégal que celui d'aujourd'hui, qui tenait fermés au commerce étranger aussi bien les ports du Japon que ceux du Céleste Empire, on pourrait se rappeler peut-être à propos de notre sujet : a) les différentes bulles papales qui interdisaient tout commerce avec les Sarrasins (boycottage contre les Sarrasins), b) l'édit sur la marine de Cromwell, c) les prétentions des Portugais qui voulaient interdire au reste de l'Europe, lors de leur prospérité coloniale et maritime, le commerce de l'Inde même dans les régions qui étaient en dehors de leur souveraineté.

retracer ; racontée avec talent par MM. R. Pinon (1) et
J. Laferrière (2), elle ne doit sa réputation internationale
que d'abord à raison de son application en Chine contre
les Etats-Unis et le Japon, ensuite pour s'être introduite
dans les mœurs de la jeune Turquie, où elle finit par
dégénérer en des faits, qui n'ont rien de commun avec
son caractère primitif.

Et pourtant ce moyen considéré comme un moyen de
coercition internationale a tellement ébloui les savants
distingués, qu'on a avancé qu'on pourrait peut-être y
voir un jour « une sanction suprême par laquelle on
arriverait à l'arbitrage obligatoire, et on obtiendra
à fortiori la limitation des armements. » Pour arriver
là on n'aurait qu'à formuler dans les traités concernant
l'arbitrage général obligatoire la clause suivante : « Si
quelqu'une des nations signataires de ce traité est atta-
quée par un tiers qui ait pris l'initiative de l'agression,
ou qui n'ait pas accepté de soumettre le motif de la
guerre à l'arbitrage, et d'en respecter la sentence, les
autres nations signataires suspendront pendant le temps
de la guerre tous rapports, soit de commerce, soit de navigation, soit des postes et télégraphes, avec la nation
agressive. Si pourtant le jeu des alliances fait que cette
nation est secourue par d'autres, la suspension de rapports restera limitée à la nation qui aura pris la responsabilité de l'agression armée. En vertu de cet article,
dès qu'une nation aura suspendu ses rapports avec une
autre nation, elle jouira pour l'importation de ses produits dans tous les ports des consignataires de l'avan-
tage de la nation la plus favorisée (3). »

Sans aller aussi loin que l'auteur précité les internationalistes qui se sont occupés de notre matière trou-

---

(1) *Revue des deux Mondes*, 1er mai 1909, p. 199 et suiv.
(2) *Revue générale de Droit international publ.*, juillet 1910, p. 288 et
suiv.
(3) *Le Figaro*, 3 août 1911, article de M. Medeiros e Albuquerque.

vèrent dans le boycottage soit un moyen légal par lequel « un peuple qui s'estime lésé peut obtenir justice, soit un procédé juridique de commerce ordinaire, par lequel de simples particuliers trouvent le moyen d'annihiler les garanties et les avantages qu'un Etat a cru s'assurer par des stipulations fermes et des traités en bonne forme (1). »

Et pourtant si la légalité des blocus et des représailles en général a pu être légalement contestée, quand leurs effets n'atteignent que les particuliers, nous sommes d'avis qu'à plus forte raison, le boycottage qui n'en reçut que ce qu'ils renfermaient de juridiquement et moralement condamnable ne pourra et ne sera jamais admis comme une mesure de rétorsion internationale, qu'après avoir reçu des restrictions telles qu'elles ne manqueraient certainement pas de lui enlever toute sa force et toute son efficacité.

Le boycottage dans ses plus larges applications, tel tout au moins *qu'on le comprend* dans les pays qui ont eu le plus à profiter, ou à souffrir, aujourd'hui comme pays boycotteurs, doit être considéré comme une mesure, en vertu de laquelle pour des raisons que nous n'avons pas à examiner pour le moment, les nationaux d'un pays mettent à l'index en ne consommant et n'utilisant guère, soit les produits, soit toute force productive de richesse des pays boycottés. Le boycottage s'arrêtant là n'est que l'exercice d'un droit incontestable, appartenant à tout homme, droit contre lequel personne n'a raison de se plaindre, car *neminem ledit quis jure suo utitur*. Mais dans la pratique actuelle les choses ne s'arrêtent point là, et les adeptes de ce système estiment qu'il leur appartient de mettre en plus à l'index les personnes établies dans leur pays mais sujettes de la

____

(1) R. Pinon, *op. cit.* V. aussi Bonfils-Fauchille, *Manuel de Droit international publ.*, 6ᵉ édit., nᵒˢ 157, 286, 985², 985³.

nation boycottée, et cela même dans le cas où ces dernières n'auraient de relations commerciales qu'avec des nations neutres, ne vendraient que des produits du pays boycotteur, ou n'exerceraient qu'une industrie sur son sol. Encore un coup, les boycotteurs auraient le droit non seulement de ne pas utiliser les richesses plus haut mentionnées, mais même d'interdire aux autres d'agir d'une façon différente.

Ce qui précède se réfère aux limites du boycottage, car pour ce qui est des moyens à utiliser pour le réaliser, les prétentions des boycotteurs sont bien plus étendues : selon leur opinion ils auraient le droit de s'ériger en comités spéciaux et indépendants de tout pouvoir administratif, législatif ou judiciaire, sans même obtenir la permission légale exigée par leur loi nationale; d'avoir des chefs, des contrôleurs, ou des agents spéciaux, de délivrer des sauf-conduits et des permis spéciaux, taxés par leur administration, et de ne ménager pour arriver à ce but, pas même les voies de fait prévues et punies par lés lois répressives.

La question de savoir si le boycottage tel que je viens de le décrire est ou non une mesure légale, tant en droit privé que surtout en droit international, jusqu'à quel point et dans quels cas sa légalité doit être admise, et quelles peuvent être les obligations et les responsabilités des Etats sur les territoires desquels il sévit, tel sera le but de la présente étude.

III

S'il est vrai qu'en thèse générale tout droit comporte un devoir corrélatif, il n'est pas moins vrai que les droits les plus étendus comportent aussi les plus étendus devoirs. En se basant sur cette idée que nous considérons comme un axiome, on doit avancer que si les Etats jouissent en tant que personnes morales, du droit au respect mutuel, de propriété et de. commerce, d'égalité, de conservation et de défense, de souveraineté et d'indépendance, il n'en est pas moins incontestable que les devoirs les plus lourds pèsent à leur charge. Parmi ces devoirs celui « d'observer la justice envers les autres nations » n'est pas le moins important. Et c'est avec raison qu'on considère l'accomplissement de ce devoir plus rigoureux et plus nécessaire encore entre les nations qu'entre les individus (1).

Certes les législations internes des nations les plus civilisées n'ont pas encore aboli à l'égard des étrangers certaines exigences de droit privé dignes d'autres mœurs et d'une autre époque. Mais, somme toute, ces dispositions législatives sont connues, ou tout au moins sont censées l'être, par les étrangers qui viennent se fixer sur notre sol, et qui par conséquent n'ont pas le droit de se plaindre de l'hospitalité délimitée d'avance qu'on leur offre (2). Il s'en suit que l'Etat qui par ses organes du pouvoir judiciaire ou exécutif dépasserait les limites des exigences légales fixées par son pouvoir législatif à l'égard des étrangers, méconnaîtrait de la façon la plus scandaleuse, à la fois l'autorité du droit naturel et de la loi morale, autorité que même l'état de guerre entre les nations civilisées ne peut et ne doit détruire.

Donc et en principe, toutes les fois qu'un Etat favoriserait ou laisserait commettre sur son territoire des faits tels qui porteraient atteinte aux droits légitimes de ses habitants de nationalité étrangère, cet Etat devrait être considéré comme responsable de tous dommages que les étrangers pourraient subir. Et pourtant à raison

(1) Calvo, *Le Dr. int.*, § 1, p. 413.

(2) C'est en se basant très probablement sur ce raisonnement aussi que plusieurs pays de l'Europe et notamment l'Angleterre font une distinction afin d'évaluer l'indemnité à réclamer par leurs ressortissants entre ceux d'entre eux qui résident plus ou moins définitivement à l'étranger et ceux qui ne sont que de passage, en n'accordant de protection complète qu'aux premiers (Philimore II, 6 ; Atlay sur Wheaton, § 151, z.).

de l'existence d'un axiome juridique d'un autre genre, celui de la liberté individuelle, l'application du principe qui précède n'est point aisée. Concilier donc ces deux axiomes, la liberté individuelle d'une part et de l'autre le droit de l'étranger, pour fixer les limites où l'un doit s'arrêter pour ne pas empêcher l'existence de l'autre, voici un premier problème sur lequel nous devons facilement nous fixer.

Et tout d'abord en ce qui concerne l'étendue du droit de l'étranger il y a un point sur lequel les différents internationalistes qui se sont occupés de notre sujet semblent être d'accord. D'après leur façon de voir qui semble être unanime, la situation des personnes habitant un Etat étranger ne peut être plus privilégiée que celle de ses propres ressortissants, et par conséquent la responsabilité de cet Etat à leur égard ne peut pas être plus étendue.

Bien entendu c'est là un principe général purement théorique, comportant des brèches sérieuses en ce qui concerne les Etats chargés de servitudes internationales.

Donc et en général « quelque disposées que pussent être les nations civilisées de l'Europe à étendre les limites du droit de protection, jamais cependant elles ne le seraient au point d'accorder aux étrangers des privilèges que les lois territoriales ne garantissent pas aux nationaux (1). »

Si les règles qui précèdent constituent aujourd'hui presque un dogme pour les nations civilisées, il n'a pas été toujours considéré comme très facile de les suivre jusqu'au bout. En effet les protestations des nationaux dont la liberté individuelle semblait pouvoir être atteinte par la protection des étrangers, a failli en maintes circonstances créer les difficultés les plus insurmontables.

---

(1) Note du Cabinet de Vienne du 14 avril 1850 (du prince de Schwartzemberg). V. Calvo, *op. cit.*. § 1, p. 436.

Ainsi pour ne citer qu'un cas, on n'a qu'à se rappeler des faits qui précédèrent le Protocole n° 4 de la conférence de Paris du 15 janvier 1869. Par un ultimatum du 29 novembre (11 déc.) 1868, la Sublime porte exigeait que la Grèce dispersât immédiatement les bandes des volontaires organisées dans différentes parties du Royaume, et de plus qu'elle empêchât la formation de nouvelles bandes « destinées à fomenter le désordre et la rebellion dans les provinces d'un Etat voisin (1) » (île de Crète). Malgré la réfutation de cette accusation par le Gouvernement hellénique qui prétendait ne pas pouvoir restreindre la liberté individuelle des régnicoles, les représentants des Puissances déclarèrent que « La Grèce devra s'abstenir désormais de favoriser ou de tolérer, la formation sur son territoire de toute bande armée en vue d'une agression contre la Turquie ». C'était là du reste l'application d'un principe de droit international que la Grèce elle même, tout en contestant les faits dont on l'accusait, ne songeait pas à ne pas reconnaître (2).

Donc et en principe toutes les fois qu'un Etat tolère ou favorise sur son territoire des bandes ayant pour but de porter atteinte aux droits d'une puissance étrangère, soit en agissant sur le territoire de cette dernière, soit et à plus forte raison, sur son propre territoire, il est responsable de tous dommages qui pourraient en être la conséquence. Il ne faut jamais oublier en effet que la liberté individuelle « consiste à pouvoir faire tout ce qui ne nuit pas à autrui » dans les limites fixées par la loi.

Ces règles rappelées et sanctionnées par les Puissances en 1869 en faveur de la Turquie doivent à notre avis ne jamais être oubliées. On doit en conséquence les appliquer dans des circonstances analogues avec la même fermeté et la même rigueur doctrinale.

(1) Ultimatum de la Sublime Porte au Gouvern. Héll. 11 déc. 1868.
(2) V. Test. *Recueil des Traités de la Porte Ottomane*, § 8, p. 366.

Mais si pour pouvoir étudier le caractère du boycottage au point de vue de sa légalité en droit international, il faut de toute façon ne pas perdre de vue les réflexions qui précèdent, je suis d'avis qu'afin de pouvoir définitivement l'apprécier, d'autres principes généraux de cette science ne doivent pas être mis de côté.

Le non moins important de ces principes est que l'homme quoique ayant des droits et des devoirs aussi bien envers son pays et ses concitoyens qu'envers les nations étrangères, ou leurs nationaux, ne peut et ne doit d'aucune façon être considéré comme une personne internationale. Vouloir reconnaître un tel caractère à l'homme isolé, ou à toute masse d'hommes, organisés ou non indépendamment du pays duquel ils relèvent, ce serait dénier la base fondamentale de la science du droit international public.

En droit international public en effet tout rapport direct d'hommes comme tels, appartenant à deux Etats différents ne peut être l'objet d'aucun examen. Cette science ne peut considérer les particuliers qu'uniquement comme membres des nations, membres n'ayant absolument aucune volonté personnelle, aucune responsabilité propre, pouvant avoir une influence directe dans les rapports ou les conflits internationaux sans l'immixtion directe ou indirecte, positive ou même négative des Etats desquels ils relèvent.

Après les réflexions qui précèdent et les principes examinés, nous croyons pouvoir en toute sécurité scientifique examiner franchement *si le droit international public peut accepter le boycottage parmi les solutions violentes employées par les Etats pour se faire justice.*

Poser la question c'est la résoudre.

Le boycottage n'est pas, en effet, une mesure coercitive d'Etat à Etat pour qu'on puisse le classer à côté de la rétorsion, des réprésailles ou du blocus, mais plutôt une mesure prise par certains nationaux d'un Etat contre les nationaux d'un autre, et nous devons nous borner à nous demander si, sérieusement, cette mesure internationale de particuliers à particuliers, mesure complètement indépendante des Etats dont ils relèvent, doit être encouragée ouvertement ou non, et approuvée par la science du droit international public.

Après les principes rappelés plus haut, la question même est presque oiseuse.

Nous n'avançons rien de nouveau en effet en constatant que depuis de longues années déjà, l'Institut de droit international, les congrès et les traités, veulent arriver à mettre complètement de côté si possible, les intérêts de simples particuliers, lors de l'emploi par les Etats des moyens de coercition, rétorsion, représailles, ou blocus. En effet on considère depuis longtemps comme une mesure de civilisation reculée les lettres de représailles délivrées par Louis XVI à Basmarin et Raimbaux dont un certain nombre de navires furent capturés par les corsaires anglais, et c'est en se basant sur les mêmes principes qu'on a fini par condamner depuis longtemps déjà les lettres de marque délivrées aux corsaires en temps de guerre maritime, guerre qu'on tâche d'assimiler le plus possible, même quant aux droits des belligérants à l'égard des propriétés privées ennemies, à la guerre territoriale.

Si donc, non seulement en temps de paix, mais même dans le cas de guerre, on doit condamner les actes d'initiative gouvernementale qui portent atteinte aux intérêts légitimes des particuliers, ne doit-on pas à plus forte raison réprouver ces mêmes actes, lorsqu'ils ne sont que les effets *d'une initiative privée*, et que l'Etat sur le territoire duquel ils se passent, n'agit que par des désaveux platoniques? *En un mot et en somme, le boycottage n'étant qu'une sorte de guerre entre nationaux d'Etats différents, ne peut suivant notre avis qu'être condamné de la façon la plus franche par le droit international public, qui ne peut jamais légitimer ces sortes de combattants.* En disant donc que le boycottage « est un instrument de guerre qui permet aux peuples même désarmés de ne pas subir passivement les exigences du plus fort », on oublie qu'en droit international, même dans le cas de guerre, tous les instruments ne sont pas permis, et que surtout ces instruments ne doivent être dirigés que contre les belligérants, même dans le cas où en agissant autrement on espérerait arriver plus facilement au but poursuivi. Le droit pénal a depuis longtemps banni la torture des prévenus, bien qu'avec les nouvelles mesures humanitaires la tâche de l'instruction et des juges se hérissât de difficultés et d'obstacles, et il est indubitable que par le bombardement des places ouvertes ou l'emploi des mines prohibées on pourrait arriver bien plus facilement aux résultats désirés, et pourtant ces moyens violents et âpres ont été considérés comme d'une parfaite inhumanité, propres tout au plus à déchaîner les passions et faire fermenter le fanatisme et les haines, sans même que l'utilité de leur emploi apparaisse partout et toujours.

De ce qui précède il appert clairement qu'il nous est impossible de nous rallier à certaines réflexions que MM. René Pinon et J. Laferrière émirent dans les articles très documentés qu'ils ont publiés à propos de notre sujet. Lorsque. en effet. dans la *Revue des deux Mondes,* M. René Pinon en ce qui concerne la légitimité du boycottage voit dans cette mesure un des moyens par lesquels « un peuple qui s'estime lésé, peut obtenir justice sans recourir au canon et trouve ailleurs que dans la guerre le moyen de faire valoir son droit » ; lorsqu'il le considère « comme une arme maîtresse qui n'a fait qu'apparaître sur les champs de la bataille internationale pour déconcerter les diplomates et dérouter les chancelleries », nous croyons qu'il ne fait qu'élever une cloison entre le peuple et le gouvernement d'un pays, pour ôter à ce dernier tout crédit moral aux yeux des nations étrangères. On finirait ainsi par classer les nations boycottistes dans la sphère de l'humanité barbare proposée par Lorimer humanité qui, si d'une part elle n'a aucune obligation internationale, n'a de l'autre côté aucun droit basé sur le droit international positif. En effet cette science n'est point un traité léonin et illusoire qui ne fait que créer des droits sans nullement imposer des devoirs aux nations civilisées, et tout gouvernement d'un pays quelle que soit sa forme organique, doit être considéré comme représentant la majorité des peuples qu'il gouverne; séparer donc la volonté du peuple de celle de son gouvernement, à l'égard des puissances étrangères, sous le prétexte que ce nouveau système extra-international « répond aux tendances de l'évolution économique et sociale de l'Europe contemporaine » c'est enlever toute bonne foi au commerce international.

De ce qui précède et de l'idée émise et développée par ses partisans d'après laquelle « cette mesure n'apparaît que comme une réaction du patriotisme contre une atteinte à l'honneur national » nous ne pouvons que conclure, et il y a semble-t-il là un paradoxe, que, pour que le boycottage puisse surgir il ne doit être prêché que par la minorité des nationaux du pays boycotteur. En effet, s'il en était autrement, les gouvernements qui ne peuvent et ne doivent marcher que d'accord avec les peuples qu'ils représentent, devraient eux mêmes se mettre à la tête des mouvements boycottistes, et ce, pour établir, si possible, purement et franchement, tout système protectionniste qu'ils croiraient utile, ou faire voter des lois contre les boycottés. En agissant autrement tout gouvernement d'un pays boycotteur ne peut apparaître aux yeux des nations civilisées, que comme un Janus à double face, ménageant et le peuple duquel il détient le pouvoir, et la nation étrangère et amie en apparence; et justement pour qu'on ne puisse guère leur reprocher la seconde proposition de l'alternative qui précède, les gouvernements des nations boycottistes doivent non seulement avouer qu'ils désapprouvent les mesures prises à cet effet, mais en plus, non pas que le boycottage est la volonté du peuple, mais que tout au contraire, dans le pays qu'ils gouvernent les boycotteurs ne représentent qu'une simple minorité.

De cette façon, repoussé dans ses vraies limites le boycottage doit rester complètement étranger aux yeux de la diplomatie, pour n'apparaître que comme une question de l'ordre public intérieur de chaque Etat ainsi que les grèves ou toute autre mutinerie populaire. Le gouvernement du pays sur le territoire duquel tous ces désordres se passent, sera donc seul arbitre souverain *mais responsable* des mesures qu'il doit prendre pour les réprimer, les encourager, ou même suivant les cas, pour garder une pleine et complète inactivité.

De ce que nous venons d'avancer une réflexion se présente à notre esprit; le boycottage peut-il vraiment réussir sans l'approbation apparente ou même tacite des gouvernements des peuples boycotteurs ? Une réponse facile à tirer de la leçon des choses même, aurait pu nous être faite; en effet s'il est indubitable que l'Amérique et le Japon ont contesté la bonne foi du gouvernement chinois en ce qui concerne ses déclarations antiboycottistes, si la mauvaise foi des gouvernements turcs a fini par éclater de la façon la plus solennelle en ce qui concerne le boycottage contre la Grèce, il n'en est pas moins sûr, que lors du boycottage contre les marchandises autrichiennes, le gouvernement de la Sublime Porte a été complètement contraire à ce mouvement; on aurait même pu ajouter en faveur de cet avis, l'opinion du cabinet de Vienne, qui finit par avouer qu'en effet la guerre économique ne leur a été faite que par les seuls commerçants et consommateurs turcs; par conséquent pourrait-on prétendre, il y a là une preuve avérée, que cette excommunication peut réussir même en l'absence de toute immixtion gouvernementale qui lui serait favorable. Eh bien, malgré l'aveu autrichien qui n'aurait pas pu ne pas être fait, et qui est un aveu par trop diplomatique pour servir de base à une solution juridique, nous sommes d'avis que la question reste entière. Plus encore, nous sommes d'avis que le boycottage même sous la forme la moins violente, pour qu'il soit efficace, n'est possible, que dans le cas où le gouvernement ou toute autre autorité latente qui gouverne le pays sur le territoire duquel il se passe, ne l'inspire, voire même, ne l'organise, afin de créer avec l'apparition de cette mesure, une aide pour la solution des conflits internationaux, auxquels il est incapable de donner la fin désirable, en usant des moyens dont il dispose.

En effet le boycottage, sorte de grève d'un genre spécial, présente avec elle plus d'une analogie tant au point de vue économique qu'au point de vue constitutionnel, et peut en plus, à raison des faits internationaux qui quelquefois en sont la cause, avoir des résultats plus larges et plus fâcheux. Il doit donc, comme on l'a savamment dit à propos des grèves, n'apparaître que comme la conséquence logique du principe de la liberté d'industrie et du commerce; et s'il est vrai qu'en vertu de ce principe tout homme ou toute masse d'hommes a le droit de n'entamer des relations commerciales qu'avec ceux qui lui plaisent, il n'en est pas moins vrai, qu'en vertu du même principe, et des droits que nous confèrent les constitutions ou les lois organiques, personne, en dehors des pouvoirs légalement constitués, n'a le droit de nous imposer sa volonté et de nous forcer à cesser tout travail ou toute relation commerciale; aussi et dans le cas contraire il appartiendrait à l'Etat pour employer une expression de Valette, de « protéger chaque individu contre la violence et la fraude, si non l'Etat lui même gênerait la liberté au travail (1) » ; et cette obligation est aussi indiscutable en droit interne qu'en droit international en vertu de ce principe du droit des gens qui oblige les Etats à faire concorder leurs législations privées avec leurs obligations internationales (2).

Le boycottage, il n'est pas inutile de le remarquer, n'a jamais fait ses ravages économiques sous la forme qui seule aurait pu être considérée comme légale, celle de la grève des consommateurs, mais plutôt sous forme de grève des agents de transport hamals ou mahonniers; « les hamals sont ces portefaix que l'on rencontre dans les villes d'Orient ployant sous le poids d'invraisemblables fardeaux » ; les mahonniers en Turquie ne sont nullement les patrons, ainsi que M. René Pinon l'avance, mais plutôt les ouvriers de ces allèges ou mahonnes, grâce auxquelles on charge ou on décharge les navires, partout où ils ne viennent pas à quai; or il est évident, que le refus de tout ce personnel, de prêter son concours pour le débarquement des marchandises, même si ce concours était des plus nécessaires, peut être facilement suppléé, soit par l'embauchage des ouvriers de nationalité étrangère souvent faciles à trouver, soit par l'emploi des soldats ou des équipages des navires de guerre, c'est à dire par l'emploi des mesures en usage dans les grèves par les gouvernements qui ont un intérêt pressant à les faire cesser. Du reste, cette mesure est bien plus facile dans l'hypothèse qui nous occupe, puisque en somme le boycottage des agents de transport n'est qu'une grève partielle, et que par conséquent les forces qui seraient appelées à remplacer les grévistes, seraient bien moins considérables. Et nous sommes d'avis que les mesures susindiquées, ne sont nullement des mesures de simple courtoisie internationale, mais

(1) Valette, Mélanges, II, p. 457.
(2) Voir Clunet, 1908, p. 421.

tout au contraire, des mesures obligatoires, même pour les nations non astreintes par des traités de commerce à recevoir les nationaux des puissances étrangères chez elles, et qui doivent faire en sorte, pour que la vie commerciale morale et matérielle de leurs hôtes soit tout au moins possible, en tenant à leur égard la même conduite que celle qu'ils auraient tenue envers leurs propres sujets.

Juridiquement on peut dire que nous nous trouvons là devant les obligations d'un bon père de famille, avec toutes ses conséquences, obligations de faire dans l'hypothèse qui nous occupe, et dont la non exécution doit légalement se terminer par le paiement d'une indemnité.

Je conclus donc qu'en fait, pour que le boycottage soit possible, le peuple boycotteur doit trouver un appui dissimulé ou non, mais effectif, dans le désir de son gouvernement, et que dans le cas de dissentiment entre ces deux éléments, cette mesure ne peut être considérée que comme un état purement révolutionnaire, sans exclure pour cela la responsabilité. Ah ! certes, c'est un procédé bien dangereux que de soulever des masses, car on ne saura jamais jusqu'à quel point la voix assagie des excitateurs pourra être entendue et qui emportera la première victoire; certes, « une fois le mouvement éclaté, il est extrêmement difficile d'en prendre la direction » qui bien des fois « risquerait de causer de sérieuses difficultés au gouvernement », mais il nous est pourtant impossible d'accepter l'opinion de M. Laferrière, d'après laquelle « un gouvernement est impuissant de susciter le boycottage pour faire le jeu de sa diplomatie et presser sur ses adversaires », tout au contraire nous sommes d'un avis diamétralement opposé, et nous pensons pouvoir prouver l'exactitude de notre opinion tant par les développements qui précèdent que par ceux qui vont suivre.

On pourrait peut-être tâcher de renverser nos conclusions en avançant, qu'après tout, le boycottage pourrait se présenter sous la forme de l'abstention des consommateurs, ou du refus des importateurs de faire venir les produits des pays boycottés; eh bien, même sous cette forme nous le croyons extrêmement difficile pour ne pas dire impossible.

Et tout d'abord le boycottage des importateurs est économiquement impossible, par cela seul qu'il commencerait par ruiner ceux qui les premiers auraient fait usage de cette arme à deux tranchants, bien avant d'atteindre ceux contre lesquels on aurait voulu s'en servir ; du reste ce serait trop exiger que de demander à de simples particuliers d'endosser à eux seuls la charge des représailles envers l'injustice d'un État, surtout lorsque cette mesure serait désapprouvée par ceux-là mêmes, à qui incombe la lourde tâche et l'infime honneur de la protection des intérêts pécuniaires et de l'honneur de leur pays. Et qu'on nous ne dise pas non plus qu'en fait cette abstention des importateurs a déjà fait ses apparitions, car tout au contraire, et le boycottage chinois déjà lui-même nous l'a démontré, là où les importateurs étaient le plus directement intéressés, le boycottage n'était que moins intense : et il est en plus avéré que si les importateurs ont définitivement diminué leurs commandes, c'est pour ainsi dire par ricochet du boycottage des agents transporteurs, dont les faits et actes étaient commandés par les plus hauts pouvoirs. La diminution des commandes n'a été en somme qu'une mesure de prudence commerciale de la part des importateurs, qui n'auraient pas manqué d'agir de la sorte même dans le cas d'une grève prolongée des ouvriers des ports.

Quant au boycottage de la part des consommateurs nous sommes d'avis que lui non plus n'est possible que sous certaines conditions, dont la première seule aurait suffi pour enlever à cette mesure et son nom et toute son utilité, puisqu'elle devrait avoir pour effet d'entraîner à sa suite, ainsi que nous croyons l'avoir démontré, soit la volonté, soit la démission gouvernementale ; cette première condition, on l'a déjà devinée, c'est l'unanimité ou tout au moins la grande majorité de la volonté nationale ; et puis en développant cette idée on arriverait à conclure qu'en plus l'homogénéité de la population du pays boycotteur, ou tout au moins l'absence de tout lien entre la majorité ou même une minorité élevée de cette population et le pays boycotté, est absolument nécessaire à la réussite de cette mesure.

En troisième lieu, ainsi qu'on l'a du reste remarqué, afin que le boycottage soit effectif, et qu'on puisse arriver avec l'emploi de cette mesure à faire le plus de tort à ses concurrents et le moins de tort à soi, on doit supposer « un pays à industrie restreinte, à commerce extérieur développé, se suffisant à lui-même au point de vue agricole et ayant un chiffre d'importation de beaucoup supérieur à celui de ses exportations »; c'est à l'existence de cette condition qu'on a attribué la réussite du boycottage chinois contre les Etats-Unis, et c'est encore à elle que ceux qui considèrent comme réussi le boycottage de la Turquie contre l'Autriche attribuent cette réussite ; aussi c'est en l'absence de cette même condition que nous aussi qui considérons que cette mesure a complètement échoué dans ce dernier cas, nous attribuons son échec. Si en effet la nation turque avait pu consentir à changer de coiffure, ou même à se coiffer d'un fez fabriqué à Stamboul au lieu de Vienne, il lui était bien plus difficile avec tout son patriotisme incontesté, de sucrer son café avec du sucre payé 80 % plus cher, et ce tout simplement pour que le gouvernement de son pays arrive à toucher une indemnité de 52 et demi millions de francs. Ah ! certes, nous ne nions certainement pas les pertes énormes subies par le commerce et l'industrie autrichiennes à raison de cette excommunication, mais nous sommes en plus d'avis, que pour apprécier à leur juste valeur les résultats de cette mesure, nous devrions procéder à un examen bilatéral, qui démontrerait peut-être que ce n'est point la Turquie qui a eu le moins à souffrir de cette guerre économique, et ce n'est qu'après une étude de ces deux statistiques, qu'on pourrait librement se prononcer si dans le cas qui nous occupe, le boycottage est une mesure protectionniste, ou plutôt s'il n'y aurait là, pour employer les paroles de M. le professeur Louis Renault dans sa consultation à propos de l'affaire du « duc d'Aumale » contre le Camrose, que du « protectionnisme à rebours. »

Bien entendu dans tout ce qui précède nous n'avions eu en vue, et nous sommes d'avis qu'on ne doit jamais avoir en vue pour l'étudier soit en tant qu'institution soit en tant que résultats, que le boycottage normal, tel qu'il a été prêché par des patriotes raisonnables et censés lorsqu'ils proclamaient que « la façon dont le peuple agit à l'occasion du boycottage les rendait soucieux, et condamnaient les procédés sentimentalistes »; car en effet nous ne pouvons guère comprendre pour examiner scientifiquement au point de vue du droit des gens, des faits condamnables non seulement par l'ordre public international, mais même par l'ordre public interne des nations civilisées. Et pourtant les faits à l'examen desquels nous arriverons bientôt nous démontreront que les menées des soi-disant boycotteurs n'eurent point de limites.

IV

Si avec les réflexions qui précèdent nous sommes arrivé à condamner le boycottage en tant que mesure de coercition internationale, même indépendamment de tout traité, il est aisé de comprendre que, à notre avis du moins, la responsabilité des Etats boycottistes, si je puis, ainsi parler, ne doit être considérée que plus étendue, dans le cas où ils seraient liés par des traités de commerce avec les nations boycottées.

En effet refuser la liberté de la vie commerciale à ceux qui ne sont pas membres de la cité, mais dont le pays s'est lié par des traités bilatéraux avec le pays qu'ils ont choisi pour y demeurer ou faire le commerce, ce serait pour employer les vigoureuses paroles que le professeur André Weiss a choisies dans des circonstances analogues quoique étrangères à notre sujet : « les inviter à venir, vivre, agir, contracter, pour les livrer désarmés à toutes les entreprises et à toutes les embûches, en faire le jouet de toutes les fraudes et donner à la mauvaise foi une scandaleuse excuse, ce serait reprendre d'une main les facultés qui ont été conférées de l'autre, et faire de cette générosité même la pire des hypocrisies (1). »

V

Jusqu'ici nous nous sommes appliqué à démontrer que le boycottage a) ne peut d'aucune façon être considéré comme une lutte acceptable en droit international et b) que l'Etat dans le cas de boycottage ne saurait sauver sa responsabilité qu'en démontrant qu'il a tout fait pour parer aux dommages que cette mesure a fait naître. Pourtant avant de procéder à l'examen des faits qui vulgarisèrent le nom et tendent aussi à vulgariser ce nouveau système de guerre économique, nous ne croyons pas inutile de nous attarder quelque peu sur certains faits de boycottage en droit interne, et ce pour faire ressortir certaines réflexions de droit privé, qui ne doivent et ne peuvent jamais être mises complètement de côté pour la solution des conflits internationaux pouvant surgir à propos de notre sujet. Ces réflexions doivent tout d'abord découler de ce principe qui à mon avis domine toute cette matière, et en vertu duquel le boycottage pour revêtir une apparence de légalité ne doit être

(1) André Weiss. *Traité de Droit intn. privé*, t. 5. av. pr. V ét VI.

considéré que comme une mesure moins que négative
de la part des boycotteurs. Si donc *a)* des voies de fait
au détriment des fortunes étrangères peuvent être prou-
vées à leur charge, aussi bien les lois civiles que les lois
pénales des nations civilisées pourraient et devraient
être mises en mouvement contre ceux qui ne respecte-
raient pas suffisamment la propriété et le droit à l'existence économique d'autrui. *b)* L'Etat sur le territoire
duquel se produisent des faits d'abstention, pouvant
former en quelque sorte des obstacles à la marche des
affaires, doit faire tout son possible pour les neutraliser,
en agissant pour défendre les intérêts des étrangers pro-
tégés par des traités, avec la même vigueur que si ses
propres intérêts étaient en cause.

Tout fait quelconque, négligence ou imprudence de
l'homme qui cause à autrui un dommage oblige celui
par la faute duquel il est arrivé à le réparer; et l'on est
responsable non seulement du dommage que l'on cause
par son propre fait mais encore de celui qui est causé
par le fait des personnes dont on doit répondre. Cette
règle pleine d'équité, acceptée depuis que la justice
existe et qui se trouve formulée dans nos codes mo-
dernes, est la loi fondamentale; sous quelque prétexte que
ce soit les boycotteurs ne peuvent en excéder les limites,
sans risquer d'encourir, soit eux-mêmes, soit les personnes qui doivent répondre pour eux, la responsabilité
civile édictée. C'est là une responsabilité délictuelle ou
quasi-délictuelle pouvant exister tant à la charge des individus qu'à la charge de toute personne morale, sociétés, syndicats, villes ou Etats. Et cette règle doit recevoir dans le cas actuel sa plus large interprétation,
pour en faire découler un principe général, en vertu
duquel « l'exercice de ses droits par un individu et la
manifestation de sa liberté d'homme doivent laisser à
autrui l'exercice de ses droits et la manifestation de sa
propre liberté »; une saine parfaite et sévère application

de ce qui précède a été faite par le Tribunal fédéral suisse dans un arrêt de haute moralité, rendu le 6 juin 1906. Dans l'arrêt en question le Tribunal fédéral avait admis « la responsabilité délictuelle du syndicat pour la défense des intérêts de la « Pharmacie Suisse » à raison d'actes de boycottage.

Voici l'espèce qu'il avait à envisager :

Une société coopérative des pharmacies populaires de Genève s'était constituée, afin de fournir aux sociétés de secours mutuels ainsi qu'à leurs membres et au public en général, des médicaments dans les meilleures conditions de qualité et de prix; les pharmaciens suisses dont les intérêts vitaux semblaient susceptibles d'être atteints par la concurrence imminente et sérieuse de la société dont il s'agissait, s'unirent en un syndicat dont le but n'était en partie, conformément à certaines clauses insérées dans les statuts, que le boycottage de la société coopérative. Cette dernière se fondant sur les articles 50 et suivants du Code fédéral des obligations, concernant les obligations délictuelles répondit en assignant le syndicat. Le Tribunal fédéral admit son point de vue dans son arrêt précité; il fait découler du principe posé plus haut que « toute personne a un droit individuel au respect et à la mise en valeur (Geltung) de sa personnalité, droit qui est juridiquement une des bases fondamentales de la société; ce droit existe notamment au point de vue économique et commercial, et bien que l'organisation de la société actuelle repose sur le principe du libre jeu de la concurrence, il se trouve lésé lorsqu'une atteinte est directement dirigée contre l'existence économique d'un industriel par des moyens propres à l'anéantir. Tel est le cas lorsqu'un boycottage enlève à un industriel la possibilité de s'approvisionner et d'embaucher le personnel dont il a besoin (Arbeitersperre) (1).

---

(1) V. A. T. F. 31. 2. p. 707 et suiv. Aussi A. T. F. 32, 2, p. 360 et suiv.

Plus récemment encore en se basant sur les mêmes principes qu'il développe, le même tribunal par son arrêt du 11 avril 1908 en examinant la notion de l'abus du droit, déclare le boycottage illicite lorsqu'il tend à la suppression de l'existence économique du boycotté, car pense-t-il « le droit de coalition des boycotteurs est limité par le droit individuel du boycotté à l'existence économique » en déclarant qu'il serait excessif de la part des boycotteurs de vouloir « anéantir l'existence économique du boycotté soit tout au moins de l'anéantir dans un autre but que celui de la sauvegarde de leurs intérêts légitimes (1). »

Comme pour toutes les sciences morales, on a pu dire, et avec raison, que le droit international, dépend essentiellement de l'éducation de l'âme humaine; je ne serais pas donc étonné, si en certains pays clos jusqu'hier encore au commerce international, on considérait que c'est pousser les choses à l'extrême que de vouloir appliquer d'un bout à l'autre les considérations qui précèdent pour déclarer, avec les juges suisses, qu'en l'absence de tout traité, même en droit international, le droit de coalition des boycotteurs d'un Etat est limité par le droit individuel du boycotté à l'existence économique. Et pourtant je n'hésiterai pas à penser qu'il doit en être ainsi; en effet si la bonne foi et la morale doivent former la base des relations entre particuliers qu'aucune convention ne lie entre eux, pourquoi en serait-il autrement en ce qui concerne les relations internationales? et nous ne trouvons guère la raison plausible sur laquelle on pourrait baser une solution qui faisant abstraction de ces principes enseignerait contrairement à ce qui précède que la morale des Etats a le droit d'être inférieure à celle des particuliers.

A. T. F. 25, 2 p. 803 et s. V. aussi *Annales de Droit commercial*, 1907, p.45 et 1908 p. 133. (Communications de M. Ed. Béguelin).

(1) V. *Annales de Droit commercial*, 1910, p. 48.

Les exemples judiciaires qui précèdent doivent être considérés en somme comme des cas du délit commercial de la concurrence déloyale; l'étude du délit en question nous enseigne, que s'il est permis de disputer à des confrères la clientèle, en opérant mieux ou autrement qu'eux, c'est à la condition de le faire par des procédés honnêtes (1); cette vérité pleine d'équité et de justice, qui est la base de la liberté du commerce et de l'industrie, suffit par elle même à classer parmi les délits commerciaux, celui de la concurrence déloyale, dont le but est d'arriver à détourner la clientèle des autres, à notre profit. Cette règle doit ainsi qu'en droit privé, même en droit international, pouvoir servir de base à des actions en indemnité; aussi, toute difficulté de preuve mise de côté, les Etats et surtout ceux qui sont liés par des traités, — dont le but n'est autre que d'assurer autant que possible la liberté commerciale sans restriction, — qui oublieraient leurs obligations pour favoriser d'une façon apparente ou clandestine les intérêts mercantiles de leurs nationaux, pourraient et devraient être considérés comme responsables de tout dommage provenant *même de leur inaction.*

La question de savoir si le boycottage est une force majeure suffisante pour permettre la non exécution d'une obligation, est encore un point à propos duquel on doit toujours se rappeler les règles du droit privé. Bien entendu les circonstances de fait sont souveraines en la matière, mais il ne faut pas oublier que toute convention, ou même toute pollicitation ne peut d'aucune façon être rompue ou retirée sous le prétexte que notre cocontractant ou la personne qui accepterait l'offre, est boycottée, soit pour des raisons qui lui sont personnelles, soit pour des motifs d'un ordre général; dans le cas contraire nous ne pouvons manquer de subir les conséquences édictées par

(1) Thaller, *Droit commercial*, n° 95.

la loi à la charge de ceux qui dénoncent les contrats qui les lient; il ne faut pas oublier non plus, que la personne qui n'exécute point un contrat par lequel elle est liée, est responsable même dans l'hypothèse où l'exécution de son obligation deviendrait impossible, à raison d'un fait provenant des personnes dont elle doit répondre, ou bien lorsque l'impossibilité de l'exécution n'aurait lieu qu'à raison des faits provenant des personnes que la voie judiciaire pouvait et devait rendre responsables de nos dommages. Plus encore, dans le cas où la justice d'un pays favoriserait le boycottage à l'égard de l'étranger, en assurant l'impunité criminelle civile ou commerciale de ses justiciables, rendrait à notre avis par ricochet l'Etat au nom duquel elle est rendue, responsable de sa conduite (1).

VI

Les différents faits concernant le boycottage international connus jusqu'à nos jours, nous font apparaître cette mesure sous différents aspects; aussi nous procéderons à cet examen en commençant par ceux qui au point de vue légal ont tout au moins l'air d'être jusqu'à une certaine mesure irréprochables. Ce sont les boycot-

---

(1) C'est en se basant sur ce principe que le Mexique appuyait sa réclamation contre les Etats-Unis qui n'avaient pris aucune mesure afin de punir le coupable lors du meurtre des bergers mexicains au Texas ; en 1885 à raison des attaques contre les Chinois les Etats-Unis payèrent aussi une indemnité de 147.748 dollars. (V. Clunet 1908, p. 423.) Peut-être aussi il ne serait pas sans intérêt de rapprocher aux faits qui précèdent l'indemnité pécuniaire offerte par la France à l'Anglais Pritchard qui fut arrêté et expulsé de l'île de Taïti quoiqu'il ait manifestement fomenté une révolte parmi les indigènes, et quoique son arrestation et son expulsion furent désavouées par le gouvernement de Juillet. (V. Debidour *Histoire diploma. tique de l'Europe*. T. I. p. 413, 414, 415). V. aussi une dépêche de M. Hay, secrétaire d'Etat, à propos d'un assassinat d'un missionnaire américain commis à Urinia (Perse) en 1904. Si le gouvernement persan, écrivait-il. *avait dûment puni les coupables*, le gouvernement américain n'aurait pas être disposé à demander une indemnité (V. Moore § 1020).

tages de la Chine contre les Etats-Unis, d'abord, et le Japon ensuite. Le succès pratique presque entier des boycottages en question, doit être attribué à des raisons si exceptionnelles et si particulières, qu'il serait vraiment difficile de les rencontrer sur une échelle aussi vaste chez d'autres peuples et dans d'autres circonstances. Désintéressement complet, patriotisme absolu, organisation des masses et leur obéissance passive aux meneurs et aux chefs, volonté de ces derniers de réveiller avec le sentiment national du peuple offensé et humilié, les industries, les sciences et les arts, et surtout homogénéité de race d'une part, et de l'autre offenses insupportables adressées contre, non point la patrie abstraite ou les classes privilégiées, mais contre le peuple chinois lui même, rendirent cette mesure dans ses apparitions les plus légitimes, tellement dangereuse pour le commerce des nations boycottées, que ces dernières finirent par se déclarer vaincues, en démentant de la façon la plus catégorique l'affirmation que Lord Palmerston proclamait comme un principe le 10 novembre 1856 à la Chambre de commerce de Liverpool, et en vertu de laquelle « il n'y aurait pas d'exemple dans l'histoire que les pertes éprouvées par des particuliers pourraient forcer un gouvernement à faire la paix. »

D'après notre avis les boycottages chinois, dans leur généralité tout au moins, doivent donc être considérés, ainsi que je viens de le dire, comme des boycottages classiques mais presque impraticables et impossibles dans des pays vivant sous des conditions différentes; car il n'y aurait que peu de chose à reprocher tant au gouvernement chinois qu'au peuple boycotteur, qui, conscient de sa force, avait compris qu'il ne devait éviter aucune souffrance pour sortir vainqueur, presque avec les honneurs de la légalité, dans cette lutte inaccoutumée.

Les boycottages chinois, en effet, n'ont jamais cessé

d'être depuis leur apparition jusqu'à nos jours, que des boycottages presque absolument négatifs; c'est-à-dire que les boycotteurs se sont enfermés dans les limites les moins offensives et les moins dangereuses en apparence pour leurs adversaires, mais dont les bornes étant dépassées, on se trouverait forcément dans les champs de l'illégalité.

Une négation absolue, en commençant par le refus général des consommateurs de se servir des objets boycottés tout d'abord, des agents importateurs et transporteurs ensuite, voici le bilan d'action ou plutôt d'inaction, qui paralysa d'un bout à l'autre le commerce américain, sans que le gouvernement ait pu presque avoir entre ses mains, qu'il ait ou non voulu, d'arme sérieuse de réaction.

Du reste le boycottage clôturé dans ces limites n'est nullement nouveau. Il n'y aurait là en effet, avec une extension formidablement supérieure, il est vrai, qu'une déclaration quasi-officielle des préférences souvent latentes, qui n'ont jamais manqué d'apparaître depuis que le monde existe, aussi bien dans les centres les plus cosmopolites que dans les plus étroites agglomérations, préférences que la morale la plus stricte ne semble même pas désapprouver, puisqu'elle enseigne que tous les proches ne le sont pas au même degré.

Je n'ai nullement l'intention de faire *in extenso* l'historique des boycottages chinois, dont les faits générateurs et les traits caractéristiques furent divulgués avec un parfait talent par MM. René Pinon et Jules Laferrière dans leurs articles déjà cités, ainsi que par les publications contenues dans le *Bulletin du Comité de l'Asie française.* Quelques mots seuls me seront nécessaires, tant pour affirmer les réflexions qui précèdent, que pour faire ressortir certaines vérités.

Prohibition aux coolies chinois d'entrer comme émigrants dans les territoires américains, et en plus de ce fait par lui seul injurieux, humiliation de la race entière, par les raisons données pour soutenir cette injure, race qui fut tout simplement qualifiée d'inassimilable, inférieure, dangereuse même par ses tares physiques et morales, telle fut la cause génératrice du mouvement antiaméricain en Chine, qui, commencé au début de 1905, ne cessa que plus d'un an plus tard, lorsqu'enfin les règlements sur l'immigration des Chinois aux Etats-Unis furent amendés. Mais pendant toute cette période, ou pour faire souffrir les autres, les boycotteurs eux-mêmes ne manquaient pas de supporter des souffrances financières et morales tellement sérieuses, qu'on a vu des gens se suicider pour prouver le désintéressement du peuple chinois, on n'a eu à enregistrer aucune voie de fait contre les citoyens boycottés, et pas un seul agent officiel du gouvernement chinois, n'a pu être remarqué comme soutenant la cause, qui n'a jamais manqué d'avoir tout au moins l'air d'être aussi antigouvernementale.

On refuse d'acheter toute marchandise américaine même si elle est à bas prix; on dénonce les marchandises portant de fausses indications de provenance, sans toutefois discontinuer à traiter avec courtoisie les missions et les négociants américains, les banquiers refusent du crédit aux acheteurs des produits américains, on indemnise les commerçants chinois qui plus spécialement auraient pu souffrir de ces mesures, et les patriotes riches envoient des sommes sérieuses aux comités prêchant l'abstention, qui ne craignent pas ainsi de prendre à leur charge les pertes causées; les journaux refusent d'insérer les publicités des maisons américaines; les négociants ne font plus de commandes; voilà pour ce qui concerne l'Amérique. De nouveau quelques mois plus tard les mêmes procédés se rééditent en ce qui concerne le Japon à raison de l'incident de Tatsu-Maru. Même désintéressement patriotique de la part des

Chinois, qui dans le cas présent ne se donnent même pas un délai pour faire écouler les marchandises japonaises en leur possession, ainsi qu'ils l'avaient fait pour les marchandises américaines, et qui séance tenante, apportent sur place et brûlent les marchandises japonaises qu'ils ont en magasin; les changeurs chinois refusent d'accepter les billets de banque japonais même avec escompte; même les enfants des écoles jurent de n'acheter aucun objet japonais.

Des cas qui précèdent il n'est pas difficile de conclure qu'il ne serait pas aisé aux États intéressés, Amérique ou Japon, de réclamer en se basant sur leurs traités de commerce, le paiement d'une indemnité. Le gouvernement chinois du reste, l'aurait-il voulu, se serait trouvé dans l'impossibilité d'empêcher cette grève des consommateurs.

Et pourtant même dans les boycottages en question certains faits et même certaines inactions auraient pu être reprochés au gouvernement responsable du Céleste Empire.

a) La grève des coolies qui refusèrent de décharger les bateaux américains ou japonais, grève dont les résultats ne furent mitigés par aucun procédé gouvernemental.

b) La prétention des guildes de condamner à des peines pécuniaires les commerçants achetant les marchandises interdites.

En effet quoique l'article 15 du traité chino-américain ne semble créer à la charge de la Chine que des obligations d'une portée bien délimitée, qu'il ait tout air de ne lui imposer pour ainsi dire aucune charge positive, et que de cette façon le Céleste Empire n'assumerait qu'une obligation purement négative, celle de ne rien faire afin d'empêcher les relations commerciales entre les deux pays, il n'en est pas moins vrai, que depuis longtemps déjà on a fini par accepter, ainsi qu'il ressort des réflexions qui précèdent, que tout Etat doit être considéré internationalement responsable, toutes les fois que soit sa législation interne, soit les faits de son administration, manqueraient d'être concordants avec les obligations qui le lient avec les puissances étrangères. Et non seulement tout acte contraire au droit des gens commis par les nationaux d'un Etat, quoique non prévu et non puni par sa législation intérieure, ne manquerait pas d'engager sa responsabilité internationale, mais plus encore, tout gouvernement doit agir de manière à protéger les étrangers sur toute l'étendue de son territoire. En effet en ce qui concerne le premier point de vue l'insuffisance de la législation anglaise sur la neutralité avant 1878, n'empêcha pas la condamnation de la Grande-Bretagne par le tribunal arbitral (affaire Alabama) et en ce qui concerne le second l'attitude des Etats-Unis lors de l'incident des Italiens assassinés dans la prison de la Nouvelle-Orléans en 1891, en prouve le bien fondé. .

Or, pourrait-on prétendre et non sans une certaine raison, 1° que la Chine aurait dû procéder elle-même au déchargement des bateaux contenant des marchandises américaines par tout moyen possible, et au besoin en chargeant de cette besogne soit ses soldats soit ses équipages; du reste, — pourrait-on continuer, — l'exemple du gouvernement anglais qui envoya cinquante ouvriers orangistes pour arracher les pommes de terre de J. Boycoot avait déjà fourni un exemple pris dans le vif de la matière même, de cette conduite à suivre, indépendamment de l'imprévu du cas tant par la législation que par la pratique interne du Céleste-Empire, 2° que le gouvernement chinois aurait dû poursuivre et punir ces législateurs improvisés qui, malgré l'existence des traités de commerce déclarant formellement que « les citoyens des Etats-Unis pourront importer du dehors et vendre, acheter et exporter toutes les marchandises dont l'importation et l'exportation ne sont pas prohibées par les lois de l'Empire », se sont permis d'édicter des peines pécuniaires contre ceux qui faciliteraient ce trafic.

Les Etats lésés pourraient donc en se basant sur ces faits, — en les supposant indéniables —, demander une indemnité ; et la réponse affirmative serait, nous semble-t-il, indiscutablement juste, en ce qui concerne les pillages des boutiques et les faits d'anarchisme qui éclatèrent en novembre 1908 à Hong-Kong, sauf dans le cas où il serait prouvé que le gouvernement aurait pris toutes ses mesures afin de les empêcher ou de les réprimer. Et à un autre point de vue, nous serions d'avis que l'annulation de toute commande pourrait créer à la charge de celui qui l'aurait annulée la base d'une indemnité, mais bien sûrement uniquement dans le cas où on arriverait à prouver que le commerçant réfractaire serait lui même à raison de sa conduite l'un des artisans de la force majeure qu'il serait en droit d'invoquer comme excuse.

Tel que nous venons de les décrire, et pour les causes déjà développées, les boycottages chinois ayant eu presqu'un éclatant succès et un universel retentissement, il était tout naturel qu'ils fissent germer un désir d'imitation chez les chefs des peuples renaissants, désireux et avec raison, de faire secouer chez eux le patriotisme endormi. Aussi dès qu'en octobre 1908 on proclamait à Vienne l'annexion à l'Autriche-Hongrie de la Bosnie et de l'Herzégovine, en rayant d'un trait de plume l'article 25 du traité de Berlin, qui du reste n'a jamais empêché l'Autriche depuis 1878 de jouir dans ces deux provinces de tous les avantages de la souveraineté, Kerim-agha, chef portefaix à la douane de Salonique, décrétait purement et simplement le boycottage des marchandises autrichiennes, sous les inspirations du comité Union et Progrès, qui avait oublié de tenir compte, aussi bien de l'absence de toute homogénéité des races habitant la

Turquie, que des traités d'un genre spécial qui lient cette nation avec les puissances étrangères.

Si en effet à l'époque du premier Empire parmi les sujets français même, les intérêts privés lésés par le blocus favorisèrent la contrebande, de sorte que Napoléon n'obtint jamais la collaboration absolue, spontanée, universelle des peuples, qui comme on l'a fort bien dit, est indispensable au succès d'un blocus comme du reste d'un boycottage, était-il raisonnablement possible de supposer que dans cet Orient, habité par des marchands de races disparates, on aurait fait abstraction de tout intérêt mercantile, pour boycotter avec une pleine et entière spontanéité des marchandises de première et absolue nécessité ? Sûrement non, et justement à raison de cette impossibilité absolue de réussite, on a vu cette mesure ne garder que son étiquette, pour dégénérer dans la plus complète ochlocratie.

Oh, il n'y a aucun doute, le boycottage a été merveilleusement prêché; « pour ne pas acheter dans un magasin, il suffit simplement de ne pas y aller; il est absurde et superflu d'aller manifester devant les magasins et crier que désormais on n'y achètera rien », enseigne avec la plus profonde sagesse le docteur Riza Tewfik bey; mais les paroles justes sont vaines; dès le début en effet, en dehors du massacre des fez auquel se sont décidés les habitants de Galata et de Smyrne, avec la plus grande pompe, et avec une ostentation d'autant plus gaie qu'elle ne coûtait que des sommes minimes, tout autre sacrifice personnel devint rare. Des comités de boycottage se forment, mais chefs et acolytes se font payer en créant des contre-marques qu'ils taxent sur des tarifs qu'eux mêmes décrètent, pour distinguer soi-disant les marchandises non boycottées; ils arrivent ainsi à se créer de petites rentes en faisant du patriotisme. Ils deviennent en même temps et de plus en plus la terreur des trafiquants.

Somme toute en quoi consistait-il le boycottage contre les Autrichiens en Turquie, boycottage qui au début de son apparition n'avait sûrement pas dû déplaire aux consuls des Puissances, qui, en un certain moment, dans un excès de zèle facile à comprendre, et chacun pour le compte de la nation qu'il représentait, avait pu caresser le rêve que son pays trouverait là une parfaite occasion de supplanter l'industrie autrichienne, ainsi du reste que l'avait pensé le Japon, lors du boycottage antiaméricain en Chine. Le boycottage anti-autrichien, et il en est de même de tous les boycottages qui virent le jour en Turquie, avait en fait, non point un caractère de négation, mais toujours et partout un caractère d'action militante, dont la bannière était tenue par des gens inconnus la veille sur la place, et qui recevant des ordres des comités spéciaux, n'avaient, paraît-il, rien à craindre des lois répressives de l'Empire, dont les dispositions à tout moment auraient pu et dû être mises en mouvement.

Mais venons aux faits.

A Smyrne et à Constantinople, à Beyrouth et aux îles, les différents ouvriers des ports, mariniers, déchargeurs ou portefaix, ne sont, en grande majorité tout au moins, que des Grecs, des Juifs ou des Arméniens ; quant aux allèges qui représentent le plus souvent des sommes assez sérieuses, elles appartiennent ordinairement à des étrangers. Eh bien, il n'y a aucun doute que toutes ces personnes ne pouvaient que s'intéresser bien plus à la bonne marche de leurs propres affaires qu'à la question de Bosnie et d'Herzégovine ; du reste la voix de ces peuples a été tellement peu entendue dans les questions générales concernant la Turquie, malgré les promesses enthousiastes des néoturcs des premiers jours de la Constitution, qu'on ne saurait nulle part leur reprocher leur abstention dans l'accomplissement d'une mesure commencée indépendamment de leur avis. Absence d'homogénéité chez les prétendus boycotteurs, et absence

d'intérêt commun, voici les premières lacunes à la base
même de cette ouverture des hostilités économiques:
Et pourtant malgré ces divergences des vues et des intérêts, les ouvriers des races non musulmanes habitant la
Turquie, sont, d'une façon latente d'abord, ostensible-
ment ensuite, contraints à agir conformément aux désirs
de leurs meneurs. De cette façon la grève des ouvriers
des ports et des portefaix contre les bateaux autrichiens
semble se généraliser, lorsque tout d'un coup, au mois
d'octobre et de novembre tant à Constantinople qu'à
Smyrne, on constate par certains faits, que cette grève
était loin de correspondre à la volonté réelle des grévistes. En effet au mois d'octobre 1908 le consul général
d'Autriche-Hongrie à Smyrne, invite les ouvriers du
port, — grecs et étrangers en général — à décharger
le vapeur du Lloyd qui venait d'arriver ; les ouvriers ne
demandent pas mieux, sous la condition qu'une force
gouvernementale empêchât les boycotteurs de s'y mêler.
Le consul se rend chez le Vali, et obtient de lui la force
réclamée qui ne se rend à l'endroit du débarquement
que pour se retirer immédiatement, dès que quelques
boycotteurs turcs firent leur apparition. Au mois de
novembre des faits analogues se produisent à Constantinople ; là encore on éconduit de force, pour les contraindre à s'abstenir, les portefaix grecs, qui, refusant
d'obéir aux ordres des boycotteurs, avaient accepté à
travailler au débarquement du Lloyd. Les choses ne
diffèrent pas de beaucoup à Salonique ; là le Vali déclare
« qu'il veut bien réprimer tout acte de violence, toute
tentative de désordre, mais qu'il ne peut rien faire contre
les bras croisés » ; et pourtant il y avait dans la ville
comme du reste à Smyrne et à Constantinople des mil-
liers de soldats, qui auraient pu, gardiens tout indiqués
de l'ordre national et interne, faire purement et simplement les besognes des grévistes. Et puis que ne doit-on
penser pour tout ce qui concerne l'impossibilité dans

laquelle se trouvèrent certains vapeurs de débarquer leurs passagers ? Des embarcations ne se trouvaient donc pas à bord ? Etaient-ce encore les bras croisés des boycotteurs qui étaient la cause, ou tout au contraire les menaces jamais réprimées, qui faisaient craindre aux capitaines toute action se basant sur leurs propres moyens ? Et que faudrait-il dire des difficultés créées aux paquebots en ce qui concerne même la remise des sacs postaux, lorsqu'on était arrivé déjà dans la XIe Convention signée à l'issue de la deuxième Conférence de La Haye, à décider que « la correspondance postale même des belligérants, quel que soit son caractère, officiel ou privé, trouvée en mer sur un navire neutre ou ennemi est inviolable, et que s'il y a saisie du navire, elle est expédiée avec le moins de retard possible par le capteur ». Et puis des faits d'anarchisme jamais punis, destruction des sacs de sucre, sabotage des enseignes, injures contre l'empereur, faits qui allaient constituer un glorieux précédent du boycottage contre la Grèce médité déjà, vinrent couronner les efforts des patriotes. Après ce qui précède la déclaration de l'ambassadeur de la Sublime Porte à Paris, d'après laquelle son gouvernement « ne peut cependant user de violence pour obliger les débardeurs à travailler et les faire marcher à coup de fusil » déclaration absolument identique du reste aux réponses de tous les hauts fonctionnaires ottomans, a l'air tout simplement de n'être qu'une parfaite ironie.

Si, lors de l'apparition du boycottage anti-autrichien on aurait pu penser que ramenée à ses véritables proportions, cette mesure n'avait que des chances minimes de réussite, la proclamation du boycottage anti-grec, ne pouvait qu'apparaître comme une gigantesque utopie. En effet, pour qui ne prendrait en considération que le nombre des Grecs sujets ottomans ou sujets hellènes habitant la Turquie, cette mesure ne paraîtrait que comme un boycottage de la moitié d'un pays contre son autre moitié, au détriment bien entendu des intérêts généraux, boycottage rappelant les vieilles excommunications réciproques des Juifs et des Samaritains. Aussi d'une part tandis que la partie la plus saine de la population ottomane ne manqua de désapprouver cette mesure de la façon la plus solennelle, de l'autre, on n'a commis sous son nom que des actes de désordre de vandalisme et d'imbécillité.

Citons quelques faits :

Des vignes furent déracinées ; des amarres déliées ou coupées ; des mariniers pour avoir des couleurs bleues sur leurs bateaux furent brutalisés ; des magasins grecs furent fermés de force ; des gens placés aux portes des boutiques empêchèrent les clients d'y entrer ; à Cavalla on rencontre des meurtres ; des coups et blessures sont signalés à Smyrne ; à Magnésie le consul de Grèce risque de mourir de faim ; à Elasson la police elle-même blâme la non-résistance ; à Monastir un agent de police fait descendre les enseignes de deux magasins sis rue du 10 Juillet dont l'une portait l'inscription d' « Acropole » et l'autre celle de « Parthénon » ; la *Néiri Hakikat*, journal turc de la ville, en conseillant cet acte, prétendait que les inscriptions en question profanaient la sainteté de l'endroit ; en octobre 1910, le consul d'Angleterre présent, à Smyrne également, des marchandises appartenant à une brasserie anglaise sont déchargées des charrettes et jetées dans la mer en présence de la police ; et pour comble on voit le Parquet turc de la ville de Smyrne envoyer une citation par le canal du Consulat général de France contre un citoyen français, *poursuivi entre autres faits, pour refus d'obéissance aux ordres du Comité de boycottage.*

Contre ces actes les consuls de Grèce protestent (1) ;

(1) Il n'est pas sans intérêt de comparer la conduite de la Sublime Porte dans les questions actuelles, avec le langage que ses ministres tenaient

M..Gryparis, ambassadeur à Constantinople, suivant les instructions de son gouvernement, formule finalement une réclamation en dommages et intérêts, sûr d'avance que la Sublime Porte ne consentirait à lui répondre que par la réponse classique : Nous n'y pouvons rien, c'est la volonté du peuple. Et pourtant la grande majorité du pays n'est pas de cet avis; on sent bien que des procédés pareils mènent à la ruine; un malaise économique général plane sur les places les plus considérées, tandis que les soi-disant boycotteurs eux mêmes n'arrivent à ramasser que des miettes, soit en vendant des sauf-conduits pour les marchandises, soit en acceptant pour faire preuve d'indulgence, de modiques pourboires.

Pourtant même en supposant que la Turquie ne serait engagée envers l'Autriche ou la Grèce que par des traités analogues à celui des Etats-Unis et de la Chine, il ne lui serait sûrement pas facile de sauver sa responsabilité internationale; en effet des faits qui précèdent il appert de la façon la plus claire que les mesures appliquées chez elle contre l'Autriche tout d'abord, et contre la Grèce ensuite, n'étaient nullement des faits négatifs tels que l'Etat ne pouvait y remédier tant en employant les

dans les circonstances où un intérêt d'un autre genre paraissait les guider. Ainsi, voici certaines parties d'une dépêche d'Aali Pacha à Photiades bey du 29 août 1866 lors de l'insurrection de l'île de Crète « Tous les Etats quel que soit le régime intérieur qui les régit, ont des devoirs internationaux qu'ils sont obligés de remplir fidèlement tant qu'ils se trouvent en paix les uns avec les autres. Il nous semble qu'un des plus importants de ces devoirs est de diriger, modérer et éclairer l'opinion des masses populaires sur des questions qui concernent les relations extérieures, au lieu de se mettre à sa remorque. Quand une presse systématiquement hostile, s'acharne à propager tous les matins des calomnies atroces contre un Etat limitrophe, quand elle cherche à exciter les populations de cet Etat contre leur souverain légitime, quand des hommes marquant du pays et même des fonctionnaires du gouvernement, forment des *comités* pour envoyer des secours à un peuple qu'ils veulent soulever à tout prix, et quand cela se passe dans la capitale et sous les yeux du gouvernement qui est en relation amicale avec l'Etat limitrophe en question, celui-ci ne saurait y rester indifférent. » V. Testa *Recueil des Traités de la Porte Ottomane.* § 8 p. 29. Il semble que la Grèce n'avait qu'à se servir textuellement de la phraséologie Turque de la note en question.

forces ouvrières, qu'il ne pouvait qu'avoir à sa disposition, qu'en mettant en mouvement ses lois répressives ;
s'il était impossible en effet au gouvernement de la Sublime Porte de décroiser les bras des portefaix, et de les
faire marcher à coup de fusil, il ne lui était guère ma-
laisé en supposant la bonne foi et la bonne volonté chez
ses ministres responsables, de remplacer les grévistes,
et de finir par arrêter de communs délinquants (1).

Mais la responsabilité ottomane, a malheureusement
pour ce pays, des bases bien plus solides que les obligations contractuelles du Céleste Empire.

En effet par des traités d'un genre spécial. les Etats
européens jouissent en Turquie comme on l'a fort justement remarqué, plus qu'en Chine, « des concessions si
exceptionnelles, si exorbitantes, si contraires aux règles
du droit public international et aux principes de la souveraineté (2) » qu'on a pensé avec raison que cette sou-

---

(1) Il est à remarquer que les gouvernements de la Sublime Porte
auraient pu de la façon la plus effective annihiler les efforts des boycotteurs avec un minimum de bonne volonté. Pour arriver là on n'avait
qu'à appliquer purement et simplement la loi turque du 3 août 1909
(29 redjep 1327) sur les associations ; d'après la loi en question, l'autorisation
gouvernementale est indispensable tant pour l'existence que pour le fonc-
tionnement de toute association; or, ou bien le comité d'organisation du
boycottage reçut l'autorisation gouvernementale, et dans ce cas les autorités turques sont en faute pour avoir accordé cette autorisation, ou en
second lieu le comité en question s'est passé de cette exigence légale, et
dans ce cas le ministère public aurait dû conformément à son devoir et
à la loi, (art. 3 et 10), poursuivre les membres quels qu'ils fussent de ces
associations. En n'agissant pas ainsi, les autorités se rendaient complices
des offenses et des dommages causés par les simples particuliers en ag-
gravant leurs torts et en entraînant la responsabilité nationale. Il ne faut
pas oublier en effet, que s'il est un principe universellement admis, c'est
que le gouvernement se confond toujours avec la nation dont il est l'or-
gane et assure en fait comme en droit la responsabilité de tous les actes
des agents qui le représentent et auxquels il a délégué une partie des
devoirs qui lui appartiennent en propre. Calvo, op. cit., t. I, p. 415. V. aussi
Calvo même volume p. 426. Et nous sommes d'avis que les Gouvernements
de la Sublime Porte devaient se rappeler d'autant plus les principes que
nous venons de poser que la Turquie a eu le plus à souffrir de leur
application en payant des rançons considérables à raison des enlèvements
sur son territoire d'Européens par des brigands. V. dépêche du duc de
Granville au comte de Dufferin, 28 septembre 1881.

(2) Féraud Giraud. — *De la Juridiction française dans les échelles du
Levant*, t. I, p. 28.

veraineté même s'est démembrée en faveur des Euro- .
péens, et que la vie commerciale, pour ne parler que
d'elle, de ces derniers, a reçu à raison des traités qui les
concernent, des garanties qui dépassent de beaucoup les
limites des traités de commerce ordinaires. De ce principe il ressort donc qu'autant que la Turquie n'arrive
par des traités nouveaux à reconquérir ce qu'elle avait
jadis abandonné, elle ne doit pouvoir, même par des
lois nouvelles, prohiber aux étrangers le libre accès de
ses marchés et de ses ports. Ce principe contesté par la
Porte en septembre 1909, fut invoqué d'une façon nette
et précise par la diplomatie européenne dans une note
identique, d'après laquelle tout en reconnaissant au gouvernement ottoman le droit de légiférer, les puissances
lui refusèrent le droit et le pouvoir d'appliquer « aux
étrangers des lois contraires aux capitulations et aux
traités en vigueur, sans s'être au préalable entendu avec
elles (1). »

Je n'ai nullement l'intention de m'étendre outre mesure sur les droits des Européens habitant la Turquie,
ainsi que sur les obligations de la Porte à leur égard,
pourtant je crois qu'il est de toute utilité pour l'éclair-
cissement des points qui nous occupent, de citer certains
articles des capitulations du mois de mai 1740 et du
25 novembre 1838, faites en faveur de la France, et qui,
en vertu de la clause de la nation la plus favorisée, ne
peuvent que profiter aujourd'hui aussi bien à la Grèce
et l'Autriche, qu'aux autres nations européennes.

Dans ces capitulations concédées avec la plus parfaite
sincérité, la plus parfaite affection, candeur et droiture
(préliminaires de la capitulation de 1740) et par lesquelles on a voulu « procurer *au commerce* une activité,
et aux allants et venants une sûreté qui sont les fruits
que doit produire l'amitié », nous trouvons certains ar-

(1) *Archives diplomatiques*, t. CXII 3ᵉ série, vol. IV, 1909, p. 420.

ticles complètement défavorables à la thèse des diplomates ottomans, qui paraissent les avoir complètement
perdus de vue.

Ainsi nous lisons dans l'article 2 du traité de 1838, article qui se trouva maintenu par l'article 32 du traité de
1856. « Les sujets de S. M. le roi des Français ou leurs
ayants cause, pourront acheter dans toutes les parties de
l'Empire Ottoman, soit qu'ils veuillent en faire le commerce à l'intérieur, soit qu'ils se proposent à les exporter,
tous les articles sans exception provenant du sol ou de
l'industrie de ce pays. La Sublime Porte s'engage formellement à abolir tous les monopoles qui frappent les
produits de l'agriculture et les autres productions quel-
conques de son territoire, comme aussi *elle renonce* à
l'usage des *teskérés* demandés aux autorités locales pour
l'achat des marchandises ou pour les transporter d'un
lieu à un autre quand elles étaient achetées. *Toute tentative qui sera faite par une autorité quelconque* pour
forcer les sujets français à se pourvoir de semblables
permis ou teskérés sera considérée comme une infraction
aux traités et la Sublime Porte *punira immédiatement*
avec sévérité, tous vizirs ou autres fonctionnaires auxquels on aurait une pareille infraction à reprocher, et
elle indemnisera les sujets français des pertes ou
vexations dont ils pourront prouver qu'ils ont eu à
souffrir.

Art. 19 (capit. de 1740). — Comme les Français qui
commercent en tout temps avec leurs biens, effets et navires dans les échelles et dans les ports de nos États y
vont et viennent sur la bonne foi et sur l'assurance de la
paix lorsque leurs bâtiments seront exposés aux accidents
de la mer, et qu'ils auront besoin de secours *Nous or-
donnons que nos vaisseaux de guerre et autres* qui se
trouveront à portée aient *à leur donner toute l'assistance
nécessaire* et que les commandants chefs capitaines ou
lieutenants ne manquent pas envers eux aux moindres

égards, donnant tous leurs soins et leur attention à leur faire fournir pour leur argent les provisions dont ils auront besoin; et si par la violence du vent la mer jetait à terre leurs bâtiments, les gouverneurs juges et autres *les secourront* et tous les effets et marchandises sauvés du naufrage leur seront restitués sans difficulté.

Art. 20 (capit. de 1740). — Nous voulons que les Français marchands drogmans et autres, pourvu qu'ils soient dans les bornes de leur état, aillent et viennent librement par mer et par terre pour vendre acheter et commercer dans nos Etats, et qu'après avoir payé les droits d'usage et de Consulat, selon qu'il est toujours pratiqué, *ils ne puissent être inquiétés ni molestés* en allant et venant par nos amiraux, capitaines de nos bâtiments et autres, non plus par nos troupes.

Art. 30 (capit. de 1740).—Nous voulons que les navires et autres bâtiments français qui viennent dans nos Etats y *soient bien gardés et soutenus* et qu'ils puissent s'en retourner en toute sûreté; *et si l'on pillait quelque chose de leurs hardes et de leurs effets* non seulement on se donnera toutes sortes de mouvement pour le recouvrement tant des biens que des hommes *mais même on punira rigoureusement les malfaiteurs quels qu'ils puissent être.*

Art. 31 (capit. de 1740). — Commandons à nos Gouverneurs, Amiraux, Vice-Rois, Cadis, Douaniers, Capitaines de nos navires et généralement *à tous autres habitants* de nos Etats d'exécuter ponctuellement tout ce qui est contenu dans notre capitulation impériale, symbole de la justice, sans y apporter la moindre contravention ; de sorte que si quelqu'un ose s'opposer et s'opiniâtrer contre l'exécution de mon commandement impérial, nous voulons qu'il soit regardé comme criminel et rebelle, et que comme tel il soit châtié sans aucune rémission et délai, pour servir d'exemple aux autres. Enfin notre volonté est *qu'on ne permette jamais rien de contraire à la bonne* foi et aux accords conclus par les capitulations accordées sous les augustes règnes de nos magnifiques aïeux de glorieuse mémoire.

Eh bien, les articles qui précèdent combinés avec les dispositions analogues de différents traités conclus entre la Porte et les Puissances Européennes (1), forment en ce qui concerne notre sujet le code international du régime qui gère les intérêts commerciaux des Européens aux échelles du Levant. Nous y trouvons sans aucun doute à la charge de la Porte des obligations positives

(1) Plusieurs traités conclus entre la Sublime Porte et l'Autriche et plus spécialement le traité de Passarowitz du 27 juillet 1718 imposent aux parties contractantes des obligations qui jurent avec les différents moyens pratiqués par les boycotteurs de nos temps. Ainsi non seulement dans l'article 1er du traité en question il est dit qu' « aucun obstacle ne sera mis à la liberté des rapports de commerce qui se sont établis par mer et par les fleuves entre les sujets de S.M. I. et R. et ceux de la Sublime Porte, et que tous les bâtiments impériaux pourront librement fréquenter les échelles de l'Empire ottoman, y débarquer leurs cargaisons et en repartir en toute sûreté », mais en plus cette thèse est développée dans tout le texte du traité. V. plus spécialement la phraséologie de l'article 7 : « Les navires marchands impériaux qui abordent à quelque échelle de l'Empire ottoman pourront y rester mouillés et séjourner aussi longtemps qu'il leur plaira sans qu'ils soient inquiétés d'aucune manière »; l'article 13 n'est pas moins explicite : « Les sujets impériaux, dit-il en effet, ne doivent être molestés ni par les collecteurs de haratch, ni par d'autres personnages ». Vraiment il ne valait même pas la peine d'être si méticuleux dans la rédaction des clauses en question qui devaient être « inviolablement et religieusement observées » (art. 19) pour que les boycotteurs les déchirassent avec la plus sainte simplicité. V. Testa, *op. cit.*, IX, p. 82 et suiv. Voir aussi l'article 3 d'un Séned en date de Constantinople, du 24 février 1784 : « Les sujets et négociants allemands (lisez autrichiens) jouiront d'une entière liberté tant pour l'importation que pour l'exportation de toutes marchandises non prohibées ainsi que pour leurs achats et pour leurs ventes. *Aucun empêchement ne sera mis à cet égard* ouvertement ou *clandestinement* par les corporations privilégiées et *autres sociétés* ni par les monopoleurs et autres individus... A toutes ces fins les gouverneurs des provinces commandants des côtes et des mers, préposés des douanes et autres employés, recevront l'ordre par des firmans conçus en termes bien clairs d'exécuter avec ponctualité le présent Séned qui contient les règles d'après lesquelles doivent être traités dans les Etats ottomans les sujets I. et R. soit à leur arrivée soit durant leur séjour ou à leur départ. V. Testa, *op. cit.*, t. IX, p. 137 et suiv.

En ce qui concerne les conventions entre la Turquie et la Grèce, v. *Traité de Commerce et de Navigation de Canlidja*, du 25 mai 1885, art. 10, 11, 12, 13, 14, 15, ainsi que la décision arbitrale des grandes puissances entre la Grèce et la Turquie du 20 mars et 2 avril 1901.

et bien plus sérieuses que celles qu'on rencontre dans les traités de commerce ordinaires; si donc nous avions émis l'avis que les Etats qui ne seraient signataires que de ces derniers, contractaient par là même toutes les obligations d'un bon père de famille à l'égard des nationaux des puissances consignataires, et que faute d'agir en conséquence ils encouraient des responsabilités internationales, à plus forte raison nous ne pouvons que penser que cette responsabilité pèserait plus lourde encore sur les pays qui auraient signé des traités prévoyant presque, et les mesures qu'on s'obligerait à prendre dans des cas analogues aux cas surgis, et la stipulation expresse d'une indemnité à payer dans le cas d'inertie.

Et malheureusement pour la Sublime Porte, ses obligations contractuelles ne peuvent être classées que dans cette seconde catégorie. Les capitulations en effet obligent cette puissance non seulement à se donner par le canal de ses gouverneurs « toutes sortes de mouvements » pour le recouvrement des biens étrangers pillés et volés « obligation qui à la fin de compte est commune à la charge de tous les pays civilisés, mais elles la chargent en plus, plus positivement que d'ordinaire, à employer *même ses vaisseaux de guerre* pour assister les marins étrangers, et leur fournir toute provision dont ils pourraient avoir besoin, sans qu'elle puisse se soustraire dans le cas contraire au paiement d'une indemnité (1).

VII

Nos conclusions en ce qui concerne aussi bien l'avenir

(1) Les annales de la question d'Orient ne sont pas du reste sans nous fournir des exemples d'obligations formelles de la part de la Sublime Porte de supporter et de payer *de son trésor, argent comptant et sans aucun retard*, les indemnités réclamées à raison des dommages causés par ses ressortissants à l'égard des étrangers. On pourrait consulter sur ce point un Séned en date de Constantinople du 8 août 1783. V. Testa, *op. cit.*, t. IX, p. 143 et suiv.

de ce prétendu système de coercition internationale, que les conséquences qu'il entraîne, seront donc aussi nettes que catégoriques.

Et tout d'abord à notre avis du moins, il est indubitable que malgré les apparences, le boycottage ne peut être considéré que comme une mesure en dehors du droit des gens. En effet, les faits et gestes des particuliers sous quelque aspect qu'on les examine, ne peuvent être considérés que comme des faits privés, qui, quoique pouvant maintes fois entraîner la responsabilité des nations dont leurs auteurs relèvent, ne sont jamais considérés comme des faits pouvant *à priori* intéresser le droit international public. En vérité ce droit est « l'ensemble des règles qui déterminent les droits et les devoirs des Etats dans leurs mutuelles relations », sans qu'il ait à s'occuper des rapports des citoyens d'un Etat avec les citoyens d'un autre.

Donc au point de vue méthodique le boycottage en tant que principe ne doit pas être classé sur la même ligne que le blocus, la rétorsion ou les représailles.

En second lieu et en ce qui concerne ses conséquences nous serions d'avis que toutes les fois qu'on arriverait à prouver que la population d'un Etat ne serait pour ainsi dire boycotteuse, que poussée soit activement soit même négativement, si je puis ainsi parler, par les pouvoirs légalement constitués, ou tous autres tolérés ou non réprimés, l'Etat en question serait forcément responsable.

Mais indépendamment de cette immixtion gouvernementale positive, je suis d'avis qu'il y a responsabilité internationale dans le cas où les commerçants d'un pays cessent ou diminuent leurs commandes à raison et par ricochet d'une grève concertée des agents transporteurs, ouvriers des ports ou portefaix, dans l'hypothèse où l'Etat auquel ils appartiennent *aurait pu en employant les forces à sa disposition, parer aux résultats de cette grève.*

Dans les cas où les commerçants d'un pays d'un commun concert auraient annulé leurs commandes *proprio motu* et indépendamment de toute autre grève des transporteurs ou autres, les commerçants en question seraient en vertu des règles du droit commun directement responsables.

Le seul boycottage légal, et ce non point comme mesure internationale mais tout simplement comme mesure d'ordre privé, ne serait donc que celui des consommateurs, qui seuls, sans être poussés par des comités spéciaux ou des contrôleurs quasi-officiels, arriveraient à s'abstenir des produits ou des marchandises des nations boycottés. Si pourtant cette abstention était préconisée par des comités spéciaux, ou des contrôleurs, l'Etat sur le territoire duquel ces faits auraient lieu devrait soit en vertu de ses lois poursuivre les provocateurs, soit en absence de telles dispositions légales, faire voter des lois *ad hoc*, afin que sa législation interne soit d'accord avec ses obligations internationales.

Bien entendu ramené dans ces limites, qui seules le rendraient légal, le boycottage ne serait qu'une utopie.